BEI GRIN MACHT SICH IHR WISSEN BEZAHLT

AF149527

- Wir veröffentlichen Ihre Hausarbeit,
  Bachelor- und Masterarbeit

- Ihr eigenes eBook und Buch -
  weltweit in allen wichtigen Shops

- Verdienen Sie an jedem Verkauf

Jetzt bei www.GRIN.com hochladen
und kostenlos publizieren

GRIN

Carsten Weerth

Online-Lehren und -Lernen

Eine Einführung

GRIN Verlag

Bibliografische Information der Deutschen Nationalbibliothek:

Die Deutsche Bibliothek verzeichnet diese Publikation in der Deutschen National-
bibliografie; detaillierte bibliografische Daten sind im Internet über http://dnb.d-
nb.de/ abrufbar.

Impressum:

Copyright © 2012 GRIN Verlag GmbH
Druck und Bindung: Books on Demand GmbH, Norderstedt Germany
ISBN: 978-3-656-34769-9

Dieses Buch bei GRIN:

http://www.grin.com/de/e-book/207511/online-lehren-und-lernen

GRIN - Your knowledge has value

Der GRIN Verlag publiziert seit 1998 wissenschaftliche Arbeiten von Studenten, Hochschullehrern und anderen Akademikern als eBook und gedrucktes Buch. Die Verlagswebsite www.grin.com ist die ideale Plattform zur Veröffentlichung von Hausarbeiten, Abschlussarbeiten, wissenschaftlichen Aufsätzen, Dissertationen und Fachbüchern.

Besuchen Sie uns im Internet:

http://www.grin.com/

http://www.facebook.com/grincom

http://www.twitter.com/grin_com

Technische Universität Kaiserslautern
Distance and Independent Studies Center (DISC)

Deckblatt für Einsendearbeiten im Fernstudiengang „Erwachsenenbildung"

Einsendearbeiten zu dem Modul Nr:
EB0700: Online-Lehren und -Lernen

Sommersemester 2012

Von Carsten Weerth

Inhaltsverzeichnis

Einsendeaufgabe 1 – Tools der Kommunikation mit Lerngruppen

Online-Lernen (oder E-Learning) basiert auf Kommunikation über Computer – der Computer wird insofern zu einem „vielseitig verwendbaren Kommunikations-Tool".
Als Tools für die Kommunikation zwischen Einzelnen und Gruppen stehen verschiedene Software-Komponenten und Möglichkeiten bereit:

- E-Mail   für Einzelne/Gruppen
- Lernumgebungen (z.B. Moodle, Ilias)   für Gruppen
- Online-Chat/Instant Messageing   für Gruppen
- Videokonferenz   für Gruppen
- Videotelefonie (z.B. Skype)   für Einzelne/Gruppen
- soziale Medien (z.B. facebook, Xing)   für Gruppen

Zu unterscheiden ist grundsätzlich die synchrone von der asynchronen Kommunikation (Seel/Ifenthaler, 2009, S. 65) – während bei der synchronen Kommunikation (z.B. mit Skype oder Videokonferenz) die direkte Interaktion (Rede/Gegenrede) ermöglicht, ist die asynchrone Kommunikation (z.B. per eMail/Eintrag in soziale Medien/Lernumgebungen) eine Kommunikation mit Verzögerung, d.h. die Antwort erfolgt ggf. erst nach mehreren Stunden oder Tagen.
Beide Formen haben Vor- und Nachteile:

Typ	Vorteil	Nachteil
E-Mail	Detaillierte Ausformulierung	Zeitverzögerung (asynchron)
Lernumgebung	Teilhabe, Informationsweitergabe ist einfach	Interaktion ist schwer
Online-Chat	Direkter Austausch, viel Interaktion (auch mit Fremden)	Kann unübersichtlich bei vielen Teilnehmern (ohne Regeln) sein
Videokonferenz	Gespräch mit mehreren ist über professionelle Studios möglich – Disziplin ist erforderlich (Moderation); Inhalte können ortsunabhängig geklärt werden	Zwischen zwei Personen leicht möglich (Videotelefonie), technisch für Laptop noch nicht gut mit Gruppen möglich)
Videotelefonie	Kostengünstig über das Internet möglich, Austausch über Studieninhalte ist einfach möglich	Nur sinnvoll für zwei Personen möglich
Soziale Medien	Einstellung neuer Inhalte/Gemeinsamer Arbeiten (Wikis)	Trittbrettfahren möglich, Qualitätssicherung erforderlich

Einsendeaufgabe 2 – Kognitive Voraussetzungen des Online-Lernens

a) welche kognitiven Stile sind für das Online-Lernen besonders bedeutsam?

b) welche Lernstile lassen sich nach *Kolb* unterscheiden?

Aufgabenteil a) Welche kognitiven Stile sind für das Online-Lernen wichtig?

„Kognitive Stile sind individuelle Präferenzen der Informationsverarbeitung, die sich in der typischen und gewohnheitsmäßigen Art der Wahrnehmung, des Denkens, Erinnerns und Problemlösens einer Person manifestieren" (Seel/Ifenthaler, 2009, S. 74).

Sehr viele verschiedene kognitive Stile können unterschieden werden:„Messick (1976) identifizierte 19 Verfahren zur Messung kognitiver Stile" (Seel/Ifenthaler, 2009, S. 29).

Folgende für das Online-Lernen bedeutsamen kognitiven Stile können unterschieden werden: „feldabhängig vs. feldunabhängig", „ganzheitlich vs. analytisch", „impulsiv vs. reflektierend" sowie „sensorische Präferenzen" (Seel/Ifenthaler, 2009, S. 29).

Besonders bedeutsam sind dabei die sensorischen Präferenzen, da Studien in den USA gezeigt haben, dass die „visuelle, auditive und kinästhetische Informationsverarbeitung" sich bei Studenten stark unterscheiden: „Nach Dunn und Dunn (1979) sind 20 bis 30 % der amerikanischen Studenten auditorische Typen, mehr als 40 % sind visuelle Typen und 30 bis 40 % sind kinästhetische Typen" (Seel/Ifenthaler, 2009, S. 30). Für die Konzeption von Online-Lehrangeboten gilt es, diese unterschiedlichen kognitiven Stile zu berücksichtigen und in der Planung für alle Typen Angebote bereitzustellen. Insbesondere für die kinästhetischen Typen dürfte das im Rahmen von Online-Lehren sehr schwierig sein. Für auditorische Typen könnte durch multimedialen Einsatz u.a. die Verwendung einer Tonspur/wörtlichen Beschreibungen, für visuelle Typen die Verwendung von Diagrammen, Filmen oder Animationen möglich sein. Darüber hinaus halte ich ganzheitlich vs. analytisch für bedeutsam, da sowohl ganzheitliche Ansätze wichtig sind, als auch das analytische Vorgehen des Lernens/Lehrenden bei der Planung der Online-Lehre.

Aufgabenteil b) Welche Lernstile lassen sich nach Kolb unterscheiden?

„Nach *Kolb* (1984) können vier grundlegende Lernarten unterschieden werden: aktives Experimentieren, reflektives Beobachten, konkrete Erfahrung und abstrakte Konzeptualisierung" (Seel/Ifenthaler, 2009, S. 31).

Daher können folgende Typen von Lernern unterschieden werden:

„(1) Abstrakte Lerner, die Verständnis primär über konzeptionelle Informationen entwickeln;

(2) konkrete Lerner, die bevorzugt über direkte Erfahrungen lernen;

(3) aktive Lerner, die experimentierend auf ihre Umwelt einwirken, und

(4) reflexive Lerner, die sich eher passiv und beobachtend verhalten" (Seel/Iffenthaler, 2009, S. 31).

Hinsichtlich der Lernstile unterscheidet *Kolb* wieder in vier unterschiedliche Stile (Seel/Ifenthaler, 2009, S. 31, 32):

1. *Konvergenter Lernstil* – aktives Experimentieren und abstrakte Konzeptualisierung;

2. *Divergenter Lernstil* – konkrete Erfahrungen und reflektierende Beobachtungen;

3. *Assimilativer Lernstil* – abstrakter Konzeptualisierung und reflektierende Beobachtungen; sowie

4. *Akkomodativer Lernstil* – aktives Experimentieren und konkrete Erfahrungen.

Einsendeaufgabe 3 – Metakognitive Kompetenz an Online-Lernen

1. Anforderungen des Online-Lernen an die metakognitive Kompetenz
2. Schritte des selbstorganisierten Online-Lernens
3. Komponenten des persönlichen Wissensmanagements für Online-Lernen

1. Teilaufgabe:

Metakognition ist – bezogen auf das Lernen – das „Wissen, das Personen in Bezug auf das eigene Lernen und seine Organisation und Steuerung haben" (Seel/Ifenthaler, 2009, S. 49). Das „Online-Lernen [...] ist eine Form von [...] Fernstudium" (Seel/Ifenthaler, 2009, S. 48). Für den Erfolg dieser Studienform bedarf es einem hohen Maß an Selbstdisziplin und Selbst-lernkompetenz, einer guten Metakognition der Lernprozesse.   Die Metakognition der Lern-prozesse beinhaltet „das Beobachten (= Monitoring) der eigenen [Studien- oder Lern-] Hand-lungen (mit Blick auf das zu erreichende Lernziel) und das Feststellen, wann etwas gelernt wurde und wann nicht." (Seel/Ifenthaler, 2009, S. 50). Mit anderen Worten „Metakognition ist das Denken über das Denken" (Seel/Ifenthaler, 2009, S. 50). Die Metakognition umfasst dabei das „Selbst-Management" und die „Selbst-Bewertung", denn nur wenn die Selbstlern-kompetenz bei Fernstudien gut ausgebildet ist, kann das [Fern-] Studienpensum gut erfüllt werden, die Leistungsnachweise erfolgreich in der erforderlichen Zeit abgeliefert werden, die Nutzung der knappen Resource [Lebens-, Arbeits- und Studien-] Zeit sinnvoll genutzt wer-den, das Gelernte im Rahmen von sozialer Interaktion vertieft und hinterfragt werden (u.a. durch Treffen der regionalen Studiengruppe, durch Austausch im Online-Forum Moodle oder in Online-Video-Konferenzen oder Online-Chats).

2. Teilaufgabe:

Beim selbstorganisierten Lernen lassen sich acht Phasen nach (Seel/Ifenthaler, 2009, S. 50/51) unterscheiden:

- *Planen*, (Was kann wann und wie studiert/gelernt werden?)
- *Selbstmotivation*, (Wie schaffe ich es, die Anspannung hoch zu halten?)
- *Aufmerksamkeitskontrolle*, (Wie schaffe ich es, den Stoff interessant zu finden?)
- *Anwendung von Lernstrategien*, (Wie kann ich gut Inhalte erinnern und speichern?)
- *Selbst-Beobachten*, (Was war gut, was war schlecht, was kann man verbessern?)
- *Suche nach Unterstützung*, (Wie kann ich Unterstützung erhalten, Menschen/Infos?)
- *Selbstbewertung* (Wie gut ist der Studienfortschritt?) und
- *Selbstreflexion* (Welche Lernstrategie ist gut/welche nicht?).

3. Teilaufgabe:

Beim Online-Lernen sind folgende sieben Komponenten des persönlichen Wissensmanagements von großer Bedeutung (Reinmann-Rothmeier/Mandl, 2000, zit. nach (Seel/Ifenthaler, 2009, S. 52):

- *Eigenverantwortliche Zielsetzung* (Was ist bis wann wie zu schaffen?),

- *eigenverantwortliche Bewertung* (Was war erfolgreich/was nicht, wie ist der Stand?),

- *individuelle Wissensrepräsentation*, (Wie ist Wissen organisiert/strukturiert?),

- *individuelle Wissensgenerierung*, („Denken erzeugt neues Wissen", ebd. S. 54),

- *individuelle Wissensnutzung*, (über „mentale Modelle", ebd. S. 55),

- *Wissenskommunikation* (nimmt in Zeiten des Internets und der Vernetzung zu) und

- *Stress- und Fehlermanagement* (angesichts der Datenfülle und Datenvermehrung).

Einsendeaufgabe 4 – Computervermittelte Kommunikation

Computervermittelte Kommunikation ist lt. Definition „Zwischenmenschliche Kommunikation über das Internet" – gemeint ist damit „eine soziale Beziehung [...], in der Menschen den Computer zur Kommunikation" nutzen (Seel/Ifenthaler, 2009, S. 67).

Voraussetzungen sind Computer auf beiden Seiten, eine Internet- oder mindestens eine Datenverbindung und Computer Literacy / Multimedia Literacy im Sinne der Fähigkeit, mit den technischen Voraussetzungen (Hardware) und Programmen (Software) umgehen zu können. Die Kommunikationsformen im Internet unterscheiden sich in *synchrone Kommunikation* (in der zwei oder mehr Gesprächsteilnehmer direkt interagieren, z.B. beim Telefonieren, Videokonferenzen, im Online-Chat) und in *asynchrone Kommunikation* (in der ein oder mehr Gesprächsteilnehmer verzögert und indirekt interagieren, z.B. im eMail-Austausch, Diskussionsforen/Sozialen Medien, Internet-Radio/-TV, Online-Datenbanken, etc.) (Seel/Ifenthaler, 2009, S. 66). Beide Formen haben Vor- und Nachteile und sind je nach Anwendung zu bevorzugen oder nicht empfehlenswert.

Computervermittelte Kommunikation kann allgemein durch die vier folgenden Merkmale charakterisiert werden (Seel/Ifenthaler, 2009, S. 68):

„- Mehrere bis sehr viele Kommunikationspartner sind möglich;
- die Kommunikation erfolgt unter bislang Fremden;
- der Aufenthaltsort der Kommunikationspartner spielt keine Rolle [diese Kommunikationsform ist daher entgrenzend];
- die Kommunikation erfolgt zwar überwiegend durch Texte, beschränkt sich aber nicht darauf, da mittlerweile z.B. mit Skype, einer neuen Software für freies Telefonieren über das Internet, auch die sprachliche Kommunikation leicht zu bewerkstelligen ist".

Kritische Stimmen bemängelnd bei computervermittelter Kommunikation das Fehlen wichtiger Bestandteile („Gestik, Mimik und weitere Merkmale der direkten Kommunikation" z..B. Tonlage und Stimme) (Seel/Ifenthaler, 2009, S. 68). Allerdings hat computervermittelte Kommunikation auch Vorteile, da weniger Hürden bei der Kommunikation bestehen, man „enthemmter" auch mit Fremden themenbezogen kommuniziert und die ggf. fehlenden Elemente anders darstellt z.B. über sog. „Emoticons" wie Smileys („ :-)") etc. (Seel/Ifenthaler, 2009, S. 69).

Einsendeaufgabe 5 – Techniken zur Förderung des Online-Lehren

Es gibt verschiedene Techniken, über computervermittelte Kommunikation das Online-Lernen in Gruppen zu fördern – grundsätzlich kann festgestellt werden, dass der technische Fortschritt, die Weiterentwicklung sehr schnell ist und die pädagogische Theorie für die Online-Lehre „hinterherhumpelt" (Seel/Ifenthaler, 2009, S. 78).

In den Aufgaben 1 und 4 wurden verschiedene technische Tools vorgestellt (u.a. Chat, E-Mail, Soziale Medien, Diskussionsforen, Videokonferenz, Videotelefonie).

Weitere technische Tools könnten u.a. synthetische Lernumgebungen wie Computersimulationen und Modelle sein (Live-Simulationen, Virtuelle Simulationen oder Konstruktive Simulationen) (Seel/Ifenthaler, 2009, S. 100), wobei diese sich mal mehr und mal weniger für Gruppenlernen eignen.

Beispielhaft seien hier genannt:

a.) Virtuelle Realität (VR) und b.) Learning Management Systeme (LMS).

a.) Virtuelle Realität (VR)

Bei der Virtuellen Realität wird versucht, mit der Computersoftware die Wirklichkeit möglichst realitätsnah abzubilden und mit Hilfe von bestimmten VR-Eingabegeräten „begreifbar" zu machen und Interaktionen vorzunehmen. Beispiele für VR-Eingabegeräte sind Head Mounted Display (HMD), Datenhandschuh, Virtuelle Immersion (eine Art Display-Brille) und ein virtueller Ort (z.B. CAVE) (Seel/Ifenthaler, 2009, S. 152). Nachteile der VR sind insbes. der hohe Preis: Für die Erzeugung von VR benötigt man spezielle (teure) Software und „zusätzliche Software wird für die Bild- und Tonbearbeitung benötigt" (Seel/Ifenthaler, 2009, S. 152). Die Erzeugung von VR ist teuer und zeitaufwändig. Sie eignet sich nicht für jedes Thema. Bestimmte Themen lassen sich sehr gut mit VR abbilden und Lehren (u.B. Flugsimulator, Schiffssimulator, Kampftraining für Soldaten) (so auch Seel/Ifenthaler, 2009, S. 154). Weitere Beispiele sind „Ergonomietests" in der Industrie, die Medizin aber auch die Unterhaltungsindustrie, z.B. das Spiel „VR Cyberracer" (Seel/Ifenthaler, 2009, S. 154). Die Zusammenarbeit in Gruppen lässt sich nur bedingt darstellen – beim Pilotentraining ist das Zusammenwirken von Pilot und Co-Pilot mit dem Tower darstellbar, beim Kampftraining ist ggf. Partnertraining durchführbar. Im Rahmen von Museen und öffentlichen Einrichtungen kann eine gemeinsame Lehr- und Erkundungserfahrung für Gruppen ermöglicht werden.

b.) Learning Management Systeme (LMS)

Mit LMS werden „Informationen (Lerninhalte) in einer Datenbank verwaltet, welche von Lehrenden administriert und Lernenden zur Verfügung gestellt werden" (Seel/Ifenthaler, 2009, S. 142) – sie werden auch synonym als „Lernplattformen" bezeichnet.

LMS haben verschiedene Funktionen und Bündeln einige der o.g. Tools zum Zwecke der Online-Lehre: Hauptfunktionen sind Administration, Benutzerprofile, Autorenwerkzeuge, Evaluation/Diagnose und Kommunikation (v.a. über Foren, E-Mail, Chat und Video-konferenz) (Seel/Ifenthaler, 2009, S. 142). Möglich sind Zusatzfunktionen wie „Datenaus-tausch von Lernobjekten [...], Weblog-Funktionen, Umfragen Wikis, Workshops, uvm. (Seel/-Ifenthaler, 2009, S. 143).

Ein Beispiel für ein LMS ist die Moodle-Seite des Studiengangs EB mit den Informationsdar-bietungen und der Möglichkeit der Interaktion im „Café der Teilnehmenden".

Vorteile der LMS sind damit die umfangreichen Möglichkeiten der Informationsmitteilung, die sehr guten Kommunikationsmöglichkeiten (Interaktion der Lernenden über synchrone und asynchrone Kommunikationsmöglichkeiten, siehe Aufgabe 4). Auf Grund der „raschen technologischen" Entwicklung sind im Rahmen von LMS „ständig neue Module und Möglichkeiten" abbildbar (Seel/Ifenthaler, 2009, S. 145) die wegen der guten Autorenwerk-zeuge und der Bereitstellung von kostenloser OpenSource-Software (wie ILIAS und MOO-DLE) mit geringem Aufwand und kostengünstig angeboten werden können.

Als Nachteil kann festgehalten werden, dass „die didaktische und lernpsychologische Fund-ierung [...] um Jahrzehnte im Rückstand ist" (Seel/Ifenthaler, 2009, S. 145).

Zu beobachten ist daher, dass „die umfangreichen technischen Möglichkeiten eines LMS aus didaktischer Sicht äußerst selten optimal umgesetzt [werden]" da die LMS „zum Großteil zum Austausch von Dokumenten [verwendet wird]" (Seel/Ifenthaler, 2009, S. 145), jedoch nicht zum gemeinsamen Lernen.

Einsendeaufgabe 6 –

Möglichkeiten und Grenzen der Modelle des Instruktionsdesigns

Welche Möglichkeiten und Grenzen bieten die Modelle des Instruktionsdesigns (z.B. ADDIE, PADDIQ oder DO-ID) für die Entwicklung und Gestaltung multimedialer Lernumgebungen für das Online-Lernen?

Das Modell ADDIE nach *Dick/Carey* (2000) steht für Analyse, Design, Development, Implementation und Evaluation (Seel/Ifenthaler, 2009, S. 89 f.).

Das Modell PADDIQ nach *Niegemann et al.* (2004) steht für Projektmanagement, Analyse, Design, Development, Implementation und Qualitätssicherung (Seel/Ifenthaler, 2009, S. 90).

Das Modell DO-ID nach *Niegemann et al.* (2008) steht für Decision Oriented Instructional Design, zu deutsch „Entscheidungsorientiertes Instruktionsdesinodell" (Seel/Ifenthaler, 2009, S. 90).

Allen drei Ansätzen des Instructional Designs (in der Folge ID) gemeinsam ist ihr überzeugender theoretischer Ansatz.

„Allgemein wird argumentiert, dass Modelle des Instructional Design Individuen und Design-Teams helfen können, sich durch den Prozess der Lehrplanung durchzuarbeiten" (Seel/Ifenthaler, 2009, S. 91). Dieses wird durch die vorgegebenen strikten Schemata ermöglicht. Selbst wenn die o.g. Modelle des ID nicht häufig in der Praxis angewendet werden, so sind sie doch „im Hinterkopf eines jeden Instructiondesigners stecken und dessen Handeln leiten (Seel/Ifenthaler, 2009, S. 90). „ID-Modelle können auch behilflich sein, um vorliegende Lehrmaterialien kritisch zu durchleuchten und Lehrkonzeptionen in ihrer Komplexität zu verstehen" (Seel/Ifenthaler, 2009, S. 91).

Allerdings werden die o.g. ID-Modelle auf Grund der aufwendigen Recherchen in der Praxis selten angewendet, da „sie zu zeitaufwendig und unproduktiv sind" (Seel/Ifenthaler, 2009, S. 90).

Die o.g. ID-Modelle lassen sich gut für die Lösung komplexer Probleme auf dem Wege der analytischen Problemlösung einsetzen (Seel/Ifenthaler, 2009, S. 93).

Einsendeaufgabe 7 – Auffassungen zum Instruktionsdesign

Im Studientext wird argumentiert, dass Instruktionsdesign eher etwas mit Prozessen des komplexen Problemlösens als mit einer Anwendung von Planungsroutinen und -algorithmen verbunden ist, wie sie in ID-Modellen zugrunde gelegt werden.

Zunächst soll erläutert werden, was unter „gut definierten Problemen", „offenen Problemen" und „komplexen Problemen" verstanden wird.

„Gut definierte Probleme zeichnen sich dadurch aus, dass Ausgangs- und Zielzustand [...] klar definiert sind, die erforderlichen Information zur Aufgabenbewältigung verfügbar ist und eine bestimmte Folge von kognitiven Operationen oder Handlungsschritten zur Lösung führt" (Seel/Ifenthaler, 2009, S. 92).

„Offene Probleme" liegen bei der Entwicklungsarbeit für eine multimediale Lernumgebung oder der Komposition einer Oper, Sonate oder Fuge vor, weil zwar der Ausgangszustand klar definiert ist (im Gegensatz zur Konstruktion einer Brücke auf zwei Pfeilern über einen Fluss an einem bestimmten Punkt ein klarer Zielzustand aber nicht vorliegt), jedoch viele Wege zum Ziel führen (Seel/Ifenthaler, 2009, S. 93). In diesem Zusammenhang weist „die psychologische Problemlöseforschung immer wieder auf das Phänomen hin, dass der Problemlöseprozess offensichtlich nicht stets in gleicher Weise abläuft, da üblicherweise verschiedene Personen zu höchst unterschiedlichen Lösungsvorschlägen und -ergebnissen gelangen" (Seel/Ifenthaler, 2009, S. 93). Und nach diesen Forschungsergebnissen kann das Ergebnis selbst dann immer wieder abweichen, wenn der Lösungsweg von ein und derselben Person zu unterschiedlichen Zeitpunkten durchschritten wird (Seel/Ifenthaler, 2009, S. 93 f.).

Ein „komplexes Problem" liegt vor, „wenn es durch eine Intransparenz der Zusammenhänge, viele Ziele, eine große Zahl an miteinander verknüpften Variablen und zeitversetzte Effekte gekennzeichnet ist" (Funke, 1992, zit. nach Seel/Ifenthaler, 2009, S. 94).

Wäre die Gestaltung multimedialer Lernumgebungen ein rein „analytisches Problemlösen" (also die Anwendung von „Fakten- und Regelwissen" auf spezielle Probleme), dann wären die ID-Modelle (ADDIE, PADDIQ, DO-ID) gut anwendbar – von dieser Situation wird offenbar allgemein ausgegangen, zumal diese „systematischen Ansätze [...] als zum pädagogischen Expertenwissen gehören begriffen" werden (Seel/Ifenthaler, 2009, S. 93).

Allerdings ist auch vorstellbar, dass „die Entwicklung und das Design eines Online-Kurses [als] ein Akt des kreativen und produktiven Problemlösens" anzusehen ist (wenn der Problemlöser das Lösungsprinzip und das zu erwartende Ergebnis nicht kennt und dieses selbstständig zu entwickeln hat) (Seel/Ifenthaler, 2009, S. 93).

Die Idee, dass es sich bei ID um „komplexes Problemlösen" handeln könnte hat in der Literatur bislang keinen Niederschlag gefunden (*Seel/*Ifenthaler, 2009, S. 94).

Seel/Ifenthaler halten diese Fragestellung daher für ein „breites Forschungsfeld für die Zukunft, in dem beispielsweise zu untersuchen wäre, in welcher Weise sich Experten beim Instruktionsdesign von Anfängern unterscheiden" (*Seel*/Ifenthaler, 2009, S. 94).

Sie nehmen an, dass es sich bei ID-Experten um „flexible Problemlöser [handelt], die sich dadurch auszeichnen, dass sie in der Lage sind, verschiedene alternative Interpretationen einer gegebenen Situation in Betracht zu ziehen und erforderlichenfalls von einer Interpretation zu einer anderen zu wechseln" und stützen diese Annahme auf „Beobachtungen und Analysen" (*Seel*/Ifenthaler, 2009, S. 94).

Einsendeaufgabe 8 – Web 3.0, Unterschiede zum Web 2.0

Zunächst ist bedeutsam, die Unterscheidung zwischen dem Web 1.0 und dem Web 2.0 zu verstehen. Das ist am einfachsten möglich, wenn man sich die Suche im Internet vergegenwärtigt: im Web 1.0 gab man in Suchmaschinen Begriffe ein, die durch die Abfrage von Schlagwörtern im Internet gefunden wurden (Liste der Suchergebnissen) (Rohles, 2008). Das Web 1.0 war „primär ein Publikationsmedium" (Seel/Ifenthaler, 2009, S. 156). „Die Kommunikation dieser Methode ist unidirektional" (Neßelrath, 2007, S. 5).

Mit dem Web 2.0 kam die Möglichkeit der Interaktion hinzu, d.h. Nutzer konnten Kommentare abgeben – die Suche wurde einfacher, da auch Nutzerkommentare auffindbar wurden (Rohles, 2008), weitere Beispiele der Interaktion sind das Online-Lexikon „Wikipedia.org" (Endl, 2006 und Baron/ddp, 2008), soziale Medien wie „facebook.de" und „youtube.de". „Jeder kann mitmachen und Inhalte generieren" (Baron/ddp, 2008) – das Web 2.0 bietet insofern „mehr Optionen für die Teilhabe an der Informationserzeugung und -nutzung" (Seel/Ifenthaler, 2009, S. 156), es wird daher auch als „Weisheit von Vielen" bezeichnet (Neßelrath, 2007, S. 5). Ein weiteres Element des Web 2.0 ist die „Teilhabe an den Informationen und die Dezentralisierung ihrer Bereitstellung und Nutzung" (Seel/Ifenthaler, 2009, S. 156). „Typische Web 2.0 helfen dem Benutzer , soziale Netzwerke aufzubauen, miteinander zu arbeiten und zu kommunizieren", Beispiele sind „Wikis", Soziale Netzwerke (wie facebook.com, Xing.com und StudiVZ.de) (Neßelrath, 2007, S. 6) und „Blogs" (Neßelrath, 2007, S. 7).

Das Web 3.0 ist ein „denkendes" Web (Rohles, 2008), es wird „'intelligent' (im Sinne der Künstlichen Intelligenz) sein und verstehen, bzw. lernen, was der Benutzer will" (Seel/Ifenthaler, 2009, S. 157). Im Beispiel der Suche bedeutet dieses, dass nicht nur Kommentare von Nutzern auffindbar werden, sondern diese in Suchmaschinen, Karten, etc. auftauchen, wenn danach gesucht wird (z.B. das Beispiel „Gutes italienisches Restaurant in München", Rohles, 2008) – dieses Prinzip wird „semantisches Web" genannt. Die „Idee [des Web 3.0] ist, die zurzeit syntaktisch vorliegenden Informationen des World Wide Webs mit Hilfe von semantischen Netzen inhaltsorientiert zu präsentieren" (Neßelrath, 2007, S. 2).

Man kann daher folgende Formel verwenden:
„**Web 3.0 = Semantic Web + Web 2.0**" (Neßelrath, 2007, S. 2).

Das WWW-Consortium (W3C) beabsichtigt ein „semantisches Netz über das auf Hypertext basierende Internet zu legen. Inhalte werden dann zusätzlich durch Metadaten ergänzt" (Neßelrath, 2007, S. 9).
Die Software des Web 3.0 soll „logische Schlussfolgerungen" und „intelligente Agenten" bereitstellen und so die „Künstliche Intelligenz" bilden (Seel/Ifenthaler, 2009, S. 156). Das

„Web 3.0 ist eine Vision für das Internet der Zukunft" – „der Bau eines vollständigen Semantic Webs [verursacht] enorme Kosten, die dadurch entstehen, dass Verfahren wie Tagging, Klassifizierung und Organisation für so große Datenmengen, wie sie im Internet vorkommen, besonders arbeitsintensiv sind" (Neßelrath, 2007, S. 10).

Literaturverzeichnis:

Baron, R./ddp (2008):

Web 3.0: Wenn Google überflüssig wird, manager magazin online, 2008, URL: http://www.manager-magazin.de/unternehmen/it/0,28-28,520556,00.html (7.4.2012).

Dick, W./Cary, L. (1990):

The Systematic Design of Instruction (3rd Ed.). New York.

Dunn, R. S./Dunn, K. J. (1979):

Learning styles/teaching styles: Should they ... Can they ... Be -matched? Educational Leadership, 36, S. 238-244.

Endl, A. (2006):   Semantik: Die Zukunft im Web 3.0 – Eine Vision, dr.web magazin, URL: http://www.drweb.de/magazin/die-zukunft-im-web-30-eine-vision/ (7.4.2012).

Funke, J. (1992):   Solving complex problems: Exploration and control of complex systems. In R.J. Sternberg & P.A. Frensch (Eds.), Complex problem solving: Principles and mechanisms (pp. 185-222). Hillsdale.

Kolb, D. A. (1984):   Experimental Learning: Experience as the source of learning and development. Englewood Cliffs/New Jersey.

Messick, S. (Ed.) (1976):

Individuality in learning. San Francisco.

Neßelrath, R. (2007): Web 3.0, Seminarvortrag, Universität des Saarlandes, URL: http://-www.dfki.de/~kipp/seminar_ws0607/reports/RobertNesselrath.pdf (9.4.2012).

Niegemann, H.M./Hessel, S./Hochscheid-Mauel, D./
Aslanski, K./Deimann, M./Kreuzberger, G. (2004):

Kompendium E-Learning. Berlin.

Niegemann, H.M./Domagk, S./Hessel, S./Hein, A./Hupfer, M./Zobel, A. (2008):

Kompendium E-Learning. Berlin.

Reinmann-Rothmeier, G./Mandl, H. (2000):

Individuelles Wissensmanagement. Strategien für den persönlichen Umgang mit Informationen und Wissen am Arbeitsplatz. Bern.

Rohles, B. (2008):   Was ist das Web 3.0?, URL: http://www.netzpiloten.de/2008/10/13/-begriffsklarung-was-ist-das-web-30/ (7.4.2012).

Seel, N./Ifenthaler, D. (2009):

Online-Lehren und -Lernen. Studienbrief Nr. EB 0710 des Master--Fernstudiengangs Erwachsenenbildung der TU Kaiserslautern. Unveröffentlichtes Manuskript. 1. Aufl. 2009. Kaiserslautern.

Wikipedia (2012):   Stichwort „Semantisches Web", URL: http://de.wikipedia.org/wiki/-
Semantisches_Web (7.4.2012).

Autoreninfo:

Dr. Carsten Weerth, BSc (Glasgow), LL.M. (Com.), Jahrgang 1971, ist studierter Molekular-
biologe, promovierter Volkswirt und Master in Commercial Law – LL.M. (Com.).

Er ist als Fach- und Führungskraft in einer Bundesverwaltung in Bremen tätig.

Nebenberuflich ist er seit 2007 Lehrbeauftragter an der Hochschule für öffentliche Verwal-
tung Bremen, der Hochschule Bremen und der Jacobs University Bremen. Er ist zudem als
Dozent an Handelskammern und privaten Bildungseinrichtungen tätig (z.B. DAV und bav in
Bremen). Der Autor und Mediator hat bislang mehr als 10 Bücher in den Verlagen
Bundesanzeiger (Köln), Sierke (Göttingen), Stollfuß (Bonn/Berlin) und Gabler (Wiesbaden)
veröffentlicht oder ist Mitautor dieser Bücher.

An der TU Kaiserslautern studiert er seit 2011 nach dem „Kaiserslauterer Modell" Erwachsenenbildung und Organisationsentwicklung bei Rolf Arnold, Horst Siebert, Wiltrud Gieseke,
Wolfgang Müller-Commichau, Markus Höffer-Mehlmer und anderen.